MERCI

À UN INCONNU

ANNE CAZAUBON

MERCI À UN INCONNU

Soyons tous des héros du quotidien !

Vuibert

Couverture : Valérie Le Roux
Conception graphique et mise en page : Anne Mayéras

ISBN : 978-2-311-62517-2

5, allée de la 2e D.B.
75015 Paris

www.vuibert.fr

À Christophe

Sommaire

PRÉLUDE

Les coups de pouce célestes

Longtemps j'ai eu la fascination de l'abîme, l'appel du vide, le nez au bord du gouffre.
Longtemps j'ai pataugé dans mon propre marasme, happée par les bas-fonds.
Longtemps j'ai traîné mon mal-être où je croyais pouvoir le dissimuler.
Et puis un beau matin, un inconnu m'a sauvé la vie.

Ce jour-là, le quai de métro se fait refuge : cela fait quelques heures maintenant qu'il héberge mon désarroi. À l'époque, j'ai la vingtaine et cinq fois plus de problèmes. L'impression d'une vie pleine de drames qu'il me faudra empoigner seule.

Dans la station, les métros se succèdent et déversent leurs flots de voyageurs pressés.
Je suis alors une jeune femme échouée sur un banc, traversée par des sanglots sonores.

Ce n'est qu'un peu plus tard, en reprenant mes esprits, que je les aperçois, là, à moins d'un mètre de moi : des souliers d'homme. Des chaussures pointues, élégantes et vernies. Autour de nous, tout s'agite, mais les pieds restent immobiles. Le visage baigné de larmes, je suis incapable de me redresser. À quoi ressemblent les traits de l'homme qui se trouve dans ces souliers ?

Le ballet incessant des rames de métro se poursuit. Et les chaussures distinguées ne bougent pas d'un iota. L'homme attend. Il m'a vue. Il fait sa part. Il « prend soin ».
Une présence bienveillante et protectrice qui vient apaiser la jeune adulte qu'à l'époque je suis. Le temps d'une fraction de seconde, nos yeux se croisent dans un éclair.

Il comprend que je veux mourir. Je réalise que je veux vivre.

Rouge de honte, je détale, avale les marches quatre à quatre et sors enfin à l'air libre.
Courir vite, mais surtout, courir loin des idées sombres de ce quai de métro.

Le lendemain matin, à 9 heures, je suis dans un cabinet de psy et j'entame alors un long chemin de thérapie et de développement personnel.
Ce que je croyais fini n'est, en réalité, que le commencement.

À compter de ce jour-là, je choisis de me lancer un défi pour aller vers le monde : donner chaque jour un petit mot à quelqu'un, entrer en lien. Pendant plusieurs années, je griffonne ainsi des messages et les sème dans les transports en commun. Plus mes « textopolitains » circulent, plus je guéris.

J'observe, je regarde, j'écoute, je ressens. Et bafouille là un compliment écrit, distribue ici des câlins manuscrits, souligne encore une singularité dans un bus bondé. Je distribue à tout-va des petits mots sur lesquels on peut lire : « Vous êtes d'une élégance rare » à une petite grand-mère en talons-rouge à lèvres, « Ceci est un petit mot de réconfort » à une jeune fille en larmes, ou encore « J'adore ce que vous écoutez » à un homme qui vibre au rythme des décibels que crache son casque audio.

C'est alors que je découvre le cadeau insoupçonné derrière chacune de ces interactions provoquées. Des sourires par centaines. Des regards par milliers.

Dans l'anonymat des villes, nous sommes tous habillés à l'identique de la tête aux pieds. Pourtant, chacun ne rêve que d'une chose : être remarqué.

Parce que sur ce quai de métro, on m'avait vue, parce que cet homme s'était arrêté, je pouvais à mon tour distinguer. Repérer. Faire sortir du lot. Mettre tous ces êtres en valeur.

Émettre un message et établir un lien. Et enfin me sentir reliée aux autres.

Ce n'est qu'en changeant véritablement de regard sur ma vie, en troquant une bonne fois pour toutes ma vieille paire de lunettes pour regarder le monde en face, et la face du monde, que je prends conscience que je suis accompagnée depuis bien longtemps.
Par un passant. Un enseignant. Un voisin. Un badaud. Un commerçant. Un automobiliste.
Quelqu'un.
En revisitant mon histoire depuis ce nouveau point de vue, je constate à quel point nombre de ces inconnus sont venus me soutenir dans des moments difficiles, pénibles, ou douloureux. Et peut-être, qui sait, êtes-vous l'un d'entre eux ?
Oui, à bien y regarder, ils sont bien plus qu'on ne l'imagine celles et ceux qui s'arrêtent, qui reviennent sur leurs pas, ou qui s'inquiètent de notre état. Celles et ceux qui

encouragent, qui applaudissent, qui tendent une main, ou ôtent une épine du pied. Celles et ceux auxquels on doit une fière chandelle en secret.

Comme chacun, un peu sonnée par l'annonce du (premier) confinement, j'ai cherché quelle pourrait être ma contribution au monde à ce moment si particulier. En ces temps de sauve-qui-peut, j'ai eu l'intuition forte qu'il fallait trouver un autre terrain d'expression, donner un nouvel essor à ma collection de belles histoires et en inonder les réseaux sociaux qui en ont tant besoin.
C'est ainsi qu'est né ce manifeste éclairé pour le geste désintéressé : « Merci à un inconnu ».
L'idée est simple : faire d'un compte Instagram le réceptacle de ces hommages rendus aux inconnus qui font toute la différence, qui lèvent la tête de leur smartphone, de leur nombril ou de leurs soucis pour découvrir leurs semblables et sentir ce dont ils ont besoin : un mot, un sourire, un geste sans rien dire.

Autrefois journaliste, j'ai longtemps entendu que « les trains qui arrivent à l'heure n'intéressent personne ». À force, j'ai presque fini par le croire.

Et pourtant ! En lisant chaque jour les joyaux d'humanité qui affluent sur le compte, je ne peux plus m'imaginer seule dans cette mouvance.

À vous tous, toujours plus nombreux à venir partager votre gratitude pour des êtres dont vous ne savez rien et qui ont éclairé votre chemin. À vous qui venez nourrir notre espoir de vos impromptus du quotidien. À vous qui me confiez votre émotion à la lecture de ces tranches de vie. À vous qui me rappelez que ce compte vous permet même, à son humble niveau, de vous redonner foi en l'humanité. Il est là, le véritable rôle de l'influenceuse qui prend toute la mesure de la mission dont elle s'est emparée : inviter à faire le choix, individuellement puis tous ensemble, non pas de combattre l'obscurité, mais de soutenir la lumière.

En ces temps de réduction de l'espace, de repli sur soi et de retour à l'intérieur, inversons la tendance et agrandissons le cercle en le rendant vertueux. Créons un égrégore positif en façonnant une sorte d'esprit d'équipe qui nous tirerait tous vers le haut. Ensemble, accordons nos diapasons et propageons notre propre longueur d'onde pour qu'elle diffuse sur le monde une énergie d'amour et de bienveillance. Osons la contagion heureuse ! Provoquons un effet boule de neige pour engendrer une avalanche de sollicitude.

Tous ces signes distinctifs qui nous caractérisaient, ces fossettes, ces mimiques, cet air qui n'appartenait qu'à nous et qui est désormais planqué derrière quelques centimètres de tissu, il nous faudra bien les récupérer quelque part, non ?

Tous ces sourires, ces moues, ces grains de beauté et autres festivals de taches de rousseur qui nous donnaient de la personnalité, ces rouges à lèvres écarlates, ces petits boucs taillés chez le barbier, tous ces atours qu'on laissait nous définir, on ira bien les chercher ailleurs, non ? Et si c'était dans l'infiniment désintéressé, dans le geste gratuit, dans l'élan du cœur que notre grandeur d'âme était appelée à s'exprimer désormais ?

Tous masqués, certes.
Muselés ? Peut-être.
Dont acte : si la parole est d'argent, le silence est d'or.
Faisons parler nos actions pour nous-mêmes et semons autour de nous ces petits gestes aux grands effets.

Nous sommes tous l'inconnu de quelqu'un.

Ceci est bien plus qu'un livre.
C'est un mouvement.

#BientôtNousSeronsDesMillions

Anne Cazaubon

À vous qui êtes resté près de moi
sur ce quai de métro, sentant que j'allais
faire une bêtise, il y a des années.
À vous qui avez laissé passer
un certain nombre de rames pour
vous assurer que j'allais bien.
À vous qui, d'un simple regard,
m'avez montré que le jeu
en valait la chandelle,
ma gratitude infinie.
Grâce à nous deux, je suis en vie.

Anne

Les grands esprits

« On ne combat pas la laideur
en la dénonçant
mais en exaltant la beauté. »

FRÈRE JEAN

Éclaircissements

Peut-être est-ce pour cela que l'on parcourt des kilomètres ? Rien que pour cela.
Pour venir cueillir le fruit de l'errance.
Pour se laisser murmurer à l'oreille le message qu'elle porte pour chacun.
Parfois, c'est en silence, le nez contre la vitre d'un train qui roule, qu'on nous chuchote tout bas ce que l'on sait. Et ce que, tout au fond, l'on tait.
Et puis de temps en temps, lors d'un jour de chance, le voisin de strapontin ne dort pas, la voisine de cabine éteint son ordinateur, et là s'ouvre une discussion en suspens, entre deux eaux, entre deux gares. Entre deux états… d'âme.
Quelques mots en transition, impossibles à géolocaliser, et

pourtant, quelques mots guérisseurs, l'air de rien. Comme si l'on venait chercher un message que ce partenaire d'itinérance détenait pour soi. Comme si notre conversation nous menait dans un dédale dont l'un et l'autre allions sortir un peu plus éclairés.

C'est précisément là, au beau milieu d'un profond moment de doute, que me reviennent les paroles de cet apprenti électricien avec lequel j'avais partagé l'accoudoir d'un Bordeaux-Paris. Sans la providence et les heureux hasards d'une billetterie électronique, je n'aurais jamais eu l'occasion d'échanger avec ce jeune homme à la mine hirsute, féru de physique-chimie et aux antipodes de tout ce que je suis. Je lui confie mes souvenirs de piètres résultats scolaires en la matière, mais le jeune homme passionné (et passionnant) ne se laisse pas déstabiliser. Il se met en tête de me réconcilier avec les interrupteurs et les courants alternatifs, tout en me transmettant quelques tranches de son savoir. À l'époque, je traverse une période sombre, mais sa fraîcheur,

son enthousiasme, ses ampères, ses volts et ses watts m'extraient de ma pénombre intérieure.
Il attrape un bout de papier et se met à griffonner ce qui fut « ma bête noire » pendant des années aux contrôles de physique : un schéma de circuit électrique ! C'est cet instant qu'il choisit pour se faire le messager de la phrase que j'avais visiblement besoin d'entendre.
Comme une clé que j'étais venue chercher, sans le savoir, pour me délivrer. Mon physicien, lui, était venu de très loin pour me rappeler l'essentiel : « Vous savez madame, il ne faut pas oublier qu'une lumière, c'est une résistance qui s'éclaire ! »

Et vous, quelle lumière choisissez-vous d'être pour ce monde ?

À vous, l'inconnu, qui m'avez trouvée après
une forte dispute avec mon copain, tapie devant une porte,
me préparant à passer la nuit là en attendant
le premier métro. À vous qui m'avez dit :
« J'ai une fille qui doit avoir ton âge.
J'ai travaillé ce soir et j'ai gagné 40 euros :
20 euros pour toi et 20 euros pour moi. »
À vous qui m'avez glissé le billet
dans la main et êtes reparti dans la nuit,
me laissant abasourdie. Ayant vu mes parents galérer,
ayant déjà travaillé des nuits au black
pour remplir le frigo, j'ai longtemps gardé ce billet intact.
À vous dont je n'oublierai jamais le geste, merci.

Ilineka

À vous, le sans-abri auquel mon fils
de 5 ans a tendu une pièce
de ses économies. À vous qui l'avez refusée
et avez ensuite pioché
quelques pièces dans votre soucoupe
« pour qu'il puisse s'acheter des bonbons,
car il faut savoir
se faire plaisir dans la vie ».
Vous m'avez fait pleurer et m'avez redonné
foi en l'humanité.
Merci.

Élise

À vous, le petit couple de retraités grecs,
qui m'avez éclairée avec vos phares
de voiture en roulant au pas,
le long de cette route sinueuse.
À vous qui avez pris le temps
de me raccompagner en sécurité
et ne m'avez pas laissée seule dans le noir,
sur mon vélo sans lumière,
regagner mon camping en pleine nuit.
Merci pour votre temps.
Ευχαριστώ.

Géraldine

À vous qui m'avez approché
alors que je pleurais tout seul
dans la rue à cause de mon père.
À vous qui m'avez dit :
« On ne choisit pas sa famille,
mais on peut choisir ses amis. »
À vous qui m'avez proposé
d'aller skater ensemble.
Je n'oublierai jamais
votre geste ni vos paroles.

Mana

À vous, l'inconnue, qui m'avez consolée
et prise dans vos bras après m'avoir vue pleurer
pendant tout le trajet de la ligne 13 du métro parisien
après une rupture amoureuse.
À vous dont je garde en mémoire les mots :
« Si je peux sourire après le départ de mon mari
pour une autre, en abandonnant les enfants, je sais
que vous retrouverez votre sourire également ! »
Merci de m'avoir donné cet amour si maternel,
sans même me connaître.

Marion

À toi, ma patiente, qui avais le même âge
que moi. À toi que j'ai accompagnée
jusqu'aux derniers instants. À toi qui m'as appris
qu'il fallait vivre chaque moment
à fond malgré la noirceur de la vie.
À toi qui, le dernier jour, m'as prise par la main
et m'as remerciée chaleureusement,
sans grand discours, mais avec beaucoup
de bienveillance dans ton regard.
Merci à toi pour cette leçon de vie.
Je ne t'oublierai jamais.

Vanessa

Les diffuseurs de mots doux

« Il y a des paroles
qui portent plus loin
que le vent. »

SUZIE MURRAY,

écrivaine

L'aiguilleur de mots doux

Pendant des années, j'ai été cet oiseau de mauvais augure qui ne se concentrait que sur la tragédie du monde. Depuis que j'ai choisi de me faire le témoin de sa merveille, je constate à quel point les esprits chagrins sont déstabilisés par ma nouvelle ligne éditoriale intérieure !
Il est vrai que la confusion est courante, quand on parle de gratitude. Beaucoup nous imaginent volontiers au pays des Bisounours et des licornes. Sauf que la gratitude, ce n'est pas « voir la vie en rose », c'est choisir, en conscience, de poser son regard sur ce qu'il y a de beau. D'inspirant. Sur ce qui nous élève.

Certes, autour de la scène que je m'apprête à vous conter, il devait y avoir des personnes dans le besoin, des êtres en souffrance, un début de bagarre, voire un vol de sac à main. Mais quand j'aperçois un parent bien dans ses baskets, qui ne se met pas en rivalité face à son enfant et fait le choix de l'encourager du mieux qu'il peut, je prends ma plume, et je le fais savoir !
C'est pourquoi je voudrais ici remercier l'Inconnu du Champ-de-Mars.

Promenade dominicale.
Une jeune fille d'une dizaine d'années sautille devant ses parents. Elle se met soudain à courir pour s'approcher d'une voiture de luxe, rouge flamboyant, garée plus loin. Elle la pointe du doigt et s'exclame : « Regardez comme elle est belle ! »
Immédiatement, le père pointe sa fille du doigt et réplique : « Non, regardez comme ELLE est belle ! »
Ce qui me frappe, c'est la rapidité avec laquelle il réagit.

Comme s'il saisissait la balle au bond et retournait directement à l'envoyeur son compliment. Comme s'il tendait un miroir à sa fille pour qu'elle porte d'abord sur elle ce regard avant de le projeter vers l'extérieur.

C'est beau un parent conscient. Conscient de l'importance du rôle qu'il joue. Qui, plutôt que de distiller des reproches toute la journée, choisit de saupoudrer son propos de messages positifs.
Un homme, une femme qui saisit chaque opportunité de consolider davantage les murs de la maison intérieure de son enfant.
Ce père-là, cet inconnu du Champ-de-Mars, est un adulte qui sait que la vie est longue et les tempêtes nombreuses. Il sait surtout que c'est précisément à cet endroit-là, dans quelques années, que sa petite fille, devenue femme, viendra se réfugier quand la vie soufflera un peu trop fort !

À vous, l'inconnue, qui m'avez dit :
« Excusez-moi,
je vous trouve super jolie !
Vous avez des cheveux magnifiques ! »
J'ai une confiance en moi quasi nulle.
Avec ces mots, vous êtes venue
illuminer mon cœur et j'en ai pleuré
de soulagement.
Ça fait tellement de bien de l'entendre !
Merci !

Selen

À vous, l'inconnue croisée dans les allées
d'un supermarché. À vous qui avez vu
le turban de ma mère glisser,
laissant entrevoir son crâne lisse de femme
souffrant d'un cancer. À vous qui l'avez
regardée avec tendresse en lui disant
d'un sourire : « Vous êtes si belle, vous n'avez
pas besoin de ce morceau de tissu. »
Jamais je n'oublierai combien ma maman
fut touchée par ces mots.
Merci madame.

Christelle

À vous, l'inconnu de la ligne MD à Lyon,
qui n'avez rien dit pendant dix minutes,
puis qui, au moment de descendre de la rame,
avez lancé ces quelques mots confus :
« Excuse-moi de te déranger,
j'aime bien ton style.
Passe une bonne journée. »
À vous qui êtes ensuite parti,
sans rien attendre en retour.
Merci pour cette bienveillance gratuite.

Nina

À vous qui, en plein pique-nique familial,
m'avez vue errer en pleurant dans un parc.
Je venais d'apprendre que mon copain
me trompait. Sans connaître la raison
de mon chagrin, vous m'avez dit :
« Il n'en vaut pas la peine, vous savez.
Vous en rencontrerez d'autres. »
Cette phrase un peu bateau a fait
un bien fou à la jeune fille de 17 ans
que j'étais.
Merci.

Audrey

À vous, l'hôtesse d'accueil de ce relais
de poste, qui m'avez déclaré avec vos yeux sincères :
« Il faut que je vous dise : vous êtes sublime
dans cette robe, vraiment.
Elle vous va tellement bien. »
Ce que vous ne saviez pas, c'est que j'avais
accouché cinq mois auparavant, que j'en gardais
encore un énorme ventre, et que je ne rentrais
toujours pas dans mes anciens vêtements.
J'ai pleuré dans ma voiture et je me suis sentie belle
pendant quelques heures.
Merci.

Lucile

À vous, la vieille dame rayonnante
assise au premier rang du bus.
À vous qui m'avez cueilli d'un « J'adore votre tee-shirt »,
alors que je montais. C'était la première fois
que je mettais ce tee-shirt noir avec un tigre dans le dos.
C'était également la première fois
que je prenais le bus.
Merci pour ce simple geste, qui m'encourage
à distribuer de la gentillesse à mon tour.

Alban

Les désintéressés du geste

« L'intérêt personnel
n'est que la prolongation en nous
de l'animalité ; l'humanité
ne commence dans l'homme qu'avec
le désintéressement. »

HENRI-FRÉDÉRIC AMIEL,
philosophe, *Journal intime*

Tirer la couverture… à l’autre !

Lorsque l’actualité nous répète que le quotidien use, scinde, cloisonne et sépare, quand les journaux nous rappellent que nous traversons l’ère de l’individualisme poussé à son paroxysme, je revois non sans malice ce bureau de poste au fin fond du Kerala, dans le sud de l’Inde.

Venue y faire empaqueter un colis pour la France, je découvre cet endroit hors du temps, dans son acception la plus littérale : le temps, ici, n’existe pas !
Assise sur un banc, j’égrène les heures qui passent et les degrés qui grimpent, espérant patiemment que l’on vienne

me chercher pour accéder au bureau des envois internationaux, et qu'il se passe enfin quelque chose. Sous mes yeux, la valse des saris multicolores est rythmée par le tac-tac des tampons dateurs. Ici aussi, visiblement, « le cachet de la poste fait toujours foi ! »
Derrière le comptoir en bois massif, les guichetiers s'affairent pour renseigner les clients et redoublent d'ingéniosité pour emballer de gigantesques statuettes ! Trop occupée à ne pas perdre un seul plan du film en Technicolor qui se déroule sous mes yeux et dont je demeure l'humble figurante et le modeste témoin, je ne remarque pas la présence du vieillard assis à côté de moi, recroquevillé sur son journal des sports.
Nous nous saluons d'un rictus et d'un hochement de tête complices.
C'est alors qu'il amorce un mouvement vers moi et se rapproche. Mon corps inévitablement se recule : voyager seule m'a appris à me méfier. Quand je découvre ses intentions, je rougis de honte : il déplie simplement, à la vitesse de son

âge, une immense page couleur saumon jusqu'à moi. Tel un architecte qui lancerait un pont entre deux rives.
Comme de bien entendu, la page est intégralement écrite en hindi et relate visiblement les exploits des équipes locales de cricket !
J'avoue être profondément touchée par le geste de cet octogénaire en chemisette à carreaux : son journal nous recouvre désormais entièrement les jambes et nous lisons, ensemble, lui les scores et les commentaires, et moi les photos.
Attelage improbable mais communion bien réelle, dans l'instant.

En m'offrant un peu de son bien, en partageant avec moi sa lecture, il ne se doute pas du cadeau merveilleux qu'il vient de me faire : me ramener à cet état de petite fille qui ne connaît pas encore les mots et pour laquelle seules les images parlent !

**À toi, l'adolescent de 12 ans que j'ai laissé
passer devant moi à la caisse avec
tes deux seuls articles et mon chariot plein.
À toi qui m'as rendu au centuple
mon petit geste, en m'aidant à porter
les sacs jusqu'au coffre de ma voiture,
puis à les ranger.
Ce que ta mère et toi n'avez jamais su,
c'est que j'étais en plein travail
et que j'ai accouché quelques heures
plus tard.
Merci pour tout.**

Élodie

À vous tous qui donnez
régulièrement votre sang,
merci du fond du cœur.
À ma naissance, j'ai eu besoin
d'être transfusée en urgence.
Grâce à vous, je m'apprête à fêter
mon trente-cinquième
anniversaire.

Marianne

À vous, la pharmacienne,
qui m'avez vue entrer en larmes
en plein burn-out
dans votre établissement
et qui m'avez offert une part de gâteau
au chocolat en me disant :
« Vous allez voir, c'est bon pour le moral ! »
Je n'oublierai jamais
votre regard de maman
sur la jeune femme
que j'étais alors.

Émilie

À vous, les ouvriers slaves, qui m'avez réveillée
un matin dans le train pour me prévenir
que j'arrivais à mon arrêt.
Vous l'aviez repéré au fil des jours
et vous m'avez évité de finir au terminus
ou dépouillée de mes affaires.
Merci d'avoir veillé sur moi,
pendant ce trajet ainsi que tous les suivants.
En sortant de mes gardes de nuit,
je me suis toujours sentie
rassurée par votre présence.

Marie

À vous, le jeune homme, sur le chemin du retour
après votre journée de travail, qui,
me voyant courir après mon chien,
avez pris la décision de faire demi-tour
sur votre vélo.
À vous qui avez entamé un sprint
dans une montée digne du Tour de France,
pour enfin rattraper le fugitif.
Tout le monde me regardait sans rien faire.
Merci pour votre gentillesse.

Pauline

À vous, l'inconnu dans ce parking,
qui êtes venu nous proposer votre aide,
en nous voyant, ma mère et moi,
désemparées devant notre roue crevée.
Grâce à vous, en cinq minutes,
tout était réglé.
À vous qui avez simplement ajouté
que c'était normal et que vous aimeriez
que quelqu'un vienne en aide à votre mère
si cela lui arrivait.
Merci pour votre aide ainsi que
pour vos mots.

Emma

Les âmes charitables

« Pour trouver une main charitable, regarde au bout de ton bras. »

PROVERBE SUÉDOIS

Regarde les hommes pleurer

Il y a des jours comme ça où la vie nous prend par le bras pour nous chuchoter quelque chose tout bas. Où, comme au théâtre, elle joue les souffleurs pour nous tirer d'un mauvais pas. Et met tout en œuvre pour que ce rendez-vous avec elle, on ne le manque pas !

Tout a commencé sur ce trottoir parisien : face à moi, un fringant quadragénaire roule à vive allure sur un magnifique vélo hollandais. À mesure qu'il s'approche dangereusement, je me rends compte que l'élégant deux-roues titube de douleur : l'homme pleure à chaudes larmes et ne maî-

trise plus sa trajectoire. Il manque de me renverser, et en profite pour me bouleverser.
Ma journée commence donc sur les chapeaux de roues et, tout comme ce cycliste, je ne suis visiblement pas au bout de mes peines.
Quelques instants plus tard, c'est au pied des escaliers vertigineux d'une station de métro que je tombe nez à nez avec un autre seul pleureur. Planqué dans un coin, le jeune homme est au téléphone, en ligne avec l'objet de son chagrin. À peine majeur, il tente déjà de dissimuler les ravages des mythes toxiques autour de la masculinité : « un garçon, ça ne pleure pas » ! Le flot de voyageurs s'agglutine sur le quai tandis que lui se cache pour exprimer qui il est.
Encore et toujours, la vie persiste et signe. Dans le bus du soir, un jeune trentenaire, costume sombre et casque audio vissé sur les oreilles, vient s'asseoir en face de moi. L'homme laisse lourdement choir sa tête contre la vitre et plonge son regard dans le vide. Je suis alors aux premières loges pour assister au spectacle magnifique d'une libé-

ration profonde : la naissance d'une larme. J'ai à peine le temps d'admirer le trajet de cette discrète course lacrymale que l'homme gomme furtivement d'un revers de la main son trop-plein de gris.

Une journée passée à regarder les hommes pleurer. À constater qu'ils ne peuvent plus se cacher. À goûter des yeux leur vulnérabilité. À hésiter, puis à décider de faire demi-tour pour leur porter secours.

À trois reprises, ce jour-là, j'ai tendu un mouchoir à des hommes qui ne s'y attendaient pas.

Et je n'ai plus eu d'autres choix que de regarder en face cette part du « masculin » qui sanglotait silencieusement en moi.

À vous, l'inconnue, qui vous êtes assise
en face de moi dans le tram.
À vous qui avez remarqué
que j'allais mal après une journée
de cours difficile.
À vous qui m'avez justement demandé
de vous parler et de vous raconter
cette journée. J'étais alors en pleine
dépression et très seule ;
c'était tout ce dont j'avais besoin.

Julie

À toi, le petit garçon
à côté de moi dans le train,
qui m'as offert un gâteau alors que
j'étais en train de pleurer.
Merci d'avoir su me redonner
le sourire
avec ton geste d'enfant
si honnête.

Noémie

À vous, la dame péruvienne,
qui m'avez vue en larmes
dans cet aéroport,
où je venais d'apprendre le décès
d'un proche. À vous qui m'avez prise
dans vos bras en me récitant
une prière espagnole.
Merci pour ce moment de grâce
et de douceur.

Mathilde

À vous, l'ambulancier, qui m'avez accompagnée
d'un hôpital à l'autre pour un transfert
alors que je venais d'apprendre
qu'après la batterie d'examens que je venais de passer
survenait un nouveau problème
au cerveau. J'étais seule et en larmes.
Vous avez eu l'amabilité d'attendre qu'on m'attribue
une nouvelle chambre, de veiller à ce que
ce soit bien une chambre individuelle,
et surtout à ce que j'aille mieux.
Merci pour vos mots, votre sourire
et votre gentillesse. Comment l'oublier ?

Katell

À vous, la jeune femme,
qui m'avez prise dans vos bras un soir d'août 2014
dans le train entre Paris et Dijon.
À vous qui m'avez réconfortée
alors que je venais tout juste d'apprendre
le décès de ma mère.
J'étais seule et j'avais envie de hurler.
Merci pour votre réconfort,
votre gentillesse et
votre empathie à mon égard.

Florence

À vous, l'inconnu, qui m'avez abritée
sous votre parapluie à la sortie de l'école
où je venais chercher ma nièce.
À vous que j'ai d'abord pris pour
un parent d'élève.
À vous, en fait simple passant,
qui aviez remarqué ma jambe cassée et
mes béquilles et qui êtes venu m'abriter
le temps d'une énorme averse.
Merci infiniment.

Reina

Les guides urbains

« Il n’y a pas de meilleur
exercice pour le cœur
que de se pencher pour aider
quelqu’un à se relever. »

JOHN HOLMES,
diplomate

Quelques minutes à perdre… ou à gagner !

Depuis la piste cyclable qui me ramène chez moi, impossible d'y échapper : dans un Paris quasi désert, on ne voit plus qu'eux. Ils sont là, partout. Sur un banc, sous un pont, derrière un carton, dans une entrée d'immeuble. Ces têtes que l'on tourne, ces silhouettes au sol que l'on contourne.
Un peu plus loin, sur la droite, un homme sans-abri a choisi celui du bus pour domicile de fortune. En me voyant pédaler, il se lève de son banc, réajuste sa dégaine, et s'apprête visiblement à me demander quelque chose. De l'argent, sans doute, pensais-je. Mais je suis seule. Il fait nuit. Hors de question que je m'arrête.

Alors que j'arrive à sa hauteur, l'homme me lance une question qui manque de me faire perdre l'équilibre : « Excusez-moi, est-ce que vous auriez cinq minutes pour discuter ? »

Du temps. C'est tout ce qu'il demande.
De l'interaction, de l'échange, du partage.
Je pile d'un coup sec et pose un pied à terre. Je ne suis riche que de cela, au fond. Des minutes qui peuplent ma vie et surtout de la manière dont je choisis de les investir, à qui ou à quoi je choisis de les consacrer. Un peu comme dans une file d'attente qui s'éternise à la caisse d'un supermarché où s'offrent à moi deux options : celle de souffler bruyamment pour manifester mon agacement contre la vie qui n'avance pas assez vite à mon goût, ou celle de choisir de consacrer ce « temps de rien », ce « temps de vide », à envoyer un message à un ami que je n'ai pas vu depuis longtemps ou même à griffonner quelques notes sur mon carnet. À notre époque où ce fameux « temps de cerveau disponible » représente désormais un capital que les publici-

taires s'arrachent, cet homme croisé au beau milieu de la nuit vient me proposer le lien comme seule monnaie d'échange !

Il me rappelait une petite fille rencontrée sur un marché de Noël, en Bourgogne. Au milieu des stands de foie gras et de vin chaud, sa petite main était venue prendre la mienne par surprise. « Est-ce que tu veux bien parler avec moi ? » avait chuchoté ce petit être sorti tout droit d'un conte de Saint-Exupéry. Une fois ses parents identifiés à quelques mètres de là et après les avoir salués de la main, je m'étais accroupie pour me mettre à la hauteur de l'enfant. « De quoi as-tu envie de parler ? », lui avais-je demandé. Ses grands yeux noirs s'étaient alors plongés dans les miens et j'avais compris que je disposais là d'une magnifique occasion d'être celle dont j'avais tant eu besoin au même âge.
Un peu comme sur le banc de cet abribus, à siroter un gobelet de mauvais vin rouge, la vie me proposait d'honorer ces quelques minutes à perdre... Ou plutôt, à gagner !

À vous, les filles croisées à la cantine
où je déjeunais
encore une fois tout seul.
À vous qui m'avez demandé
de rejoindre votre table.
C'était bien la première fois
qu'on me proposait de la compagnie
et ça m'a procuré un peu de joie.
Merci.

Arthur

À vous qui, de retour d'un mariage, avec votre petite
famille endormie à l'arrière de votre véhicule,
vous êtes arrêté à ma hauteur,
au beau milieu de la nuit,
sous des trombes d'eau, alors que ma voiture
s'était enlisée dans une mare de boue.
À vous qui n'avez pas hésité à ruiner
votre costume trois pièces en m'aidant
à la pousser sur le côté,
puis qui m'avez raccompagnée chez moi
à 30 kilomètres de là.
Merci du fond du cœur.

Marilou

À vous, l'inconnu dans cet avion,
qui m'avez vue exténuée et seule
avec mon fils de 6 mois
pour un voyage long de trente heures.
À vous qui m'avez aidée avec mes bagages,
qui avez joué avec mon fils et l'avez endormi.
À vous qui avez vu toute la tristesse
et la fatigue dans mes yeux,
qui m'avez redonné foi en l'humanité
et en les hommes,
au moment où j'en avais le plus besoin.
Merci.

Sophie

À vous, le jeune homme de 20 ans,
qui avez lâché vos amis au milieu d'un bar
en me voyant seule avec mes jumeaux
de 3 mois que je n'arrivais pas à nourrir
en même temps.
À vous qui avez rassuré l'un de mes fils
qui hurlait et lui avait donné
son biberon.
Merci de m'avoir dit ce jour-là
que j'étais une maman rayonnante
et que j'allais tout déchirer.

Anaïs

À vous, le touriste, qui avez relevé
ma grand-mère lors d'une promenade
près de chez elle, à Paris.
À vous qui vous êtes assuré
qu'elle allait bien et qui avez ramassé
ses affaires éparpillées.
À vous qui avez réussi à la rassurer
alors que vous ne parliez pas français.
Merci de lui avoir offert le taxi
pour qu'elle puisse
rentrer chez elle.

Sarah

**À vous, l'inconnu, qui m'avez vue en plein désarroi
devant mon immeuble avec mes sacs,
ma valise et mon chat, me sentant incapable de
tout transporter jusqu'à la gare.
À vous qui m'avez accompagnée jusqu'à ma place
dans le wagon en portant la moitié de mes affaires
puis êtes ressorti du train en deux secondes
en me souhaitant : « Bon voyage ! »
À vous qui m'avez permis d'avoir mon train et d'apporter
tous mes cadeaux de Noël à ma famille.
Merci !**

Zoé

Les alchimistes de l'instant

« Rien ne rafraîchit le sang
comme de secourir
les malheureux. »

VOLTAIRE

La stratégie de la rencontre

À Tallinn, en Estonie, j'ai atterri un soir dans le bar des fans du groupe Depeche Mode.
Il n'y a qu'en voyage que l'on ose pousser la porte de ce genre d'endroit improbable. Peut-être parce qu'à ce moment-là, nos préjugés, eux aussi, prennent des vacances.
C'est une sorte de cave humide et sombre, vaguement aménagée de quelques chaises dépareillées. Au mur, une multitude d'écrans plasma diffusent en boucle des clips et, un peu plus loin, des tee-shirts, des photos et des pochettes d'album ornent une vitrine à la gloire du groupe légendaire. Dans ce bar bondé, je peine à me frayer un

chemin au milieu des sosies chevelus et tatoués de Dave Gahan, le chanteur culte. C'est visiblement au fond de cet établissement que j'ai rendez-vous avec la providence.

Loin des tables jonchées de verres, de la jeunesse locale, bruyante et insouciante, se trouve un homme d'une quarantaine d'années, assis seul, à une immense table rectangulaire en bois brut.
Un rapide coup d'œil autour de moi me fait réaliser que c'est le seul espace disponible. Je lui demande alors si je peux me joindre à lui.
« I was waiting for you. »

Matki m'attendait. Ravi d'avoir de la compagnie, il se transforme alors en un véritable moulin à paroles et confie en vrac : sa mère russe, son père estonien, sa chance d'être resté travailler dans les camps en Afghanistan alors que ses amis se faisaient tuer au front. J'apprendrais plus tard qu'il y récurait les toilettes et y épluchait des patates, ce

qui l'avait visiblement épargné. Il évoque ensuite le retour des soldats en Russie et leur récompense pour ce service de patriote rendu à la nation : une belle médaille en forme de lit permanent dans un hôpital psychiatrique.
Matki parle parfaitement l'anglais. Une langue apprise tout seul pour prouver à tous ceux qui le traitaient d'incapable qu'ils avaient tort.
À neuf heures moins dix, il se lève d'un bond et s'excuse de devoir me quitter précipitamment. Il lui faut vite rentrer avant que l'hôpital ne ferme ses portes.

Je pense souvent à Matki, à son intelligence gâchée entre quatre murs, à cette table immense à laquelle il avait choisi de s'asseoir, certain d'être rejoint par d'autres.
À cette stratégie de la rencontre qu'il lui fallait mettre en œuvre pour éviter de sombrer.

À l'homme qui s'est arrêté en pleine rue
tout à l'heure, en nous voyant galérer
mon amie et moi à promener
mon sommier dans Lyon du fait
d'un déménagement précipité.
À vous grâce à qui
nous avons parcouru en cinq minutes
la distance que nous venions
de faire en trois quarts d'heure !
Merci pour ce rayon de soleil dans cette
journée si morne pour moi.

Louise

À vous, le retraité,
qui m'avez prise en stop.
À vous qui avez fait un détour
de 40 kilomètres aller-retour
pour que je ne rate pas
ce partiel.
J'entre bientôt en troisième année.
Merci infiniment.

Laura

**À vous, la femme de ménage
de l'hôpital de Grenoble,
qui avez appelé à l'aide
après avoir vu que j'avais arrêté
de respirer dans ma couveuse.
Grâce à vous,
je viens d'avoir 30 ans.**

Mathilde

À vous, l'inconnu, qui avez marqué
mon enfance. À vous, cher monsieur,
qui m'avez vue à terre alors âgée de 6 ans,
le genou cassé lors d'un accident de vélo.
À vous qui m'avez portée jusque chez moi,
et montée au onzième étage,
un jour de panne d'ascenseur.
Je me souviens encore comme vous étiez
grand, fort et généreux.
J'ai 29 ans aujourd'hui et
jamais je n'oublierai ce jour.

Fati

À vous, la marcheuse rencontrée sur un sentier de randonnée, qui nous avez aidés dans une situation courante mais à laquelle nous n'étions pas préparés. À vous qui avez vu la piqûre de guêpe sur le bras de notre petit garçon et la peur dans ses yeux. À vous qui vous êtes avancée doucement vers nous avec votre petite trousse de premiers secours. À vous qui lui avez donné un peu d'huile essentielle et tant de bienveillance.
Merci.

Solène

À vous, l'inconnu croisé dans une fête foraine.
À vous qui avez assisté à plusieurs
de nos échecs au jeu du grappin,
alors que mon fils de 4 ans voulait absolument
attraper une peluche Ratatouille.
À vous qui avez été touché par la tristesse que
cela a provoquée chez lui. À vous qui nous avez
ensuite retrouvés dans la queue d'un manège
pour lui offrir la peluche que vous aviez gagnée
pour lui. J'y pense encore aujourd'hui
avec beaucoup d'émotion.
Merci de m'avoir redonné foi en l'humanité.

Caroline

Les cœurs sur la main

« Une main, même vide,
est parfois
d'un grand secours. »

Jean Éthier-Blais,
écrivain

Défendre son intégrité

Comme huit femmes sur dix, je n'aime pas rentrer seule, à pied, à une heure tardive. À ce jeu-là, j'ai joué. Et j'ai perdu. Chat échaudé craint l'eau froide.

Ce soir-là, les premiers flocons de l'hiver tombent sur la ville, et mon âme d'enfant décide de s'offrir une promenade nocturne pour aller goûter la neige avant tout le monde. Dans un coin particulièrement désaffecté et complètement désert, une voiture s'avance à ma rencontre. Elle ralentit et s'arrête à ma hauteur. S'en extrait un homme dont le visage est dissimulé sous une grosse capuche sombre.
Ma nuque se raidit et je coupe instinctivement la musique de mes écouteurs. Dans ces moments-là, j'entends toujours

cet ami me dire : « Je ne comprends pas le concept de se méfier des inconnus. Moi, toutes les personnes qui m'ont fait du mal, je les connaissais ! » Certes… Mais quand même !
Au lieu de venir m'importuner ou m'agresser, l'homme s'affaire visiblement à un tout autre projet. Il attrape sur la banquette arrière un grand sac en kraft marron sur lequel des dizaines de doigts huilés ont laissé leurs empreintes. Puis il claque la portière et s'engage dans une traversée périlleuse des quatre voies qui le séparent du trottoir d'en face. La chaussée est devenue une véritable patinoire.
De loin, j'observe sa drôle d'expédition au beau milieu de cette nuit blanche. Au fur et à mesure qu'il gagne l'autre rive, je devine une masse informe, au sol, qu'il semble rejoindre. On dirait un duvet qui se met à bouger, puis à se redresser. Je distingue mal la silhouette qui en sort et qui attrape le paquet fumant qu'on lui tend : un repas chaud.

Au sourire silencieux qu'il me lance avant de remonter dans sa voiture, je comprends que l'homme à la capuche vient, sans que rien n'y paraisse, de m'enseigner quelque chose d'essentiel : comment défendre son intégrité. Mais pas de la manière dont je l'entends.

Il vient de me rappeler que l'intégrité, c'est ce que l'on fait quand personne ne nous regarde. C'est ce qui ne figurera jamais sur les réseaux sociaux. C'est cette promenade en forêt dont on rentre avec un sac-poubelle rempli de déchets ramassés au gré de ses pas. C'est ce temps de conversation pris avec la grand-mère qui vit toute seule dans l'immeuble. C'est ce coup de main offert à cette femme qui s'épuise à porter sa poussette dans les escaliers. C'est ce sourire lancé à un regard triste dans la file au supermarché. C'est ce repas chaud déposé en catimini au milieu d'une nuit enneigée.

Pendant des années, je n'ai pas compris le sens profond que cachait le proverbe : « La parole est d'argent, mais le silence est d'or. » Aujourd'hui, c'est bien plus clair : le silence est d'or, puisque mes actes parlent pour moi.

À vous, l'inconnu,
qui avez entendu à la caisse d'une librairie
qu'il me manquait 2 euros pour acheter
***La Servante écarlate* de Margaret Atwood.**
À vous qui m'avez tendu les pièces
manquantes en me disant :
« Tant qu'il y aura des jeunes
comme vous qui aiment la lecture,
j'aurai encore un peu d'espoir. »
Merci pour votre geste.

Louna

À vous, la mère de famille
à qui j'avais demandé sur la plage
où vous aviez acheté votre jolie jupe.
À vous qui, au moment où je quittais les lieux,
avez couru vers moi en sous-vêtements
pour me la donner. À vous qui m'avez dit :
« Il y a de l'espoir dans ces temps incertains,
elle vous ira bien,
acceptez ce don désintéressé ! »
Merci. Vous me donnez envie d'en faire
de même.

Clémence

À vous, l'inconnu,
qui êtes venu m'apporter
un repas alors que vous faisiez
un barbecue chez vous.
À vous qui m'avez vu dormir
dans ma voiture pendant trois mois
en bas de votre immeuble.
Merci de m'avoir tendu la main.

Paul

À vous, le jeune fleuriste en train de trier
vos roses ce 14 février. À vous qui m'avez
vue arriver en courant, à la sortie du collège,
avec une petite pièce pour acheter une fleur,
espérant avoir assez.
Vous avez immédiatement saisi
l'une des fleurs et l'avez emballée
tout en refusant ma pièce.
Vous n'imaginez pas à quel point ma mère
fut heureuse lorsqu'elle reçut
sa rose ce soir-là.
Merci.

Hermine

À vous, l'inconnu du RER assis sur le strapontin
en face de moi.
À vous qui assistiez à ma crise de larmes.
À vous qui avez tendu discrètement
votre main à travers les jambes des gens debout
pour me donner un paquet de Kleenex.
Merci. Ma grand-mère venait de mourir.
C'était il y a dix ans
et je n'oublierai jamais votre geste.

Aurélie

À vous, l'inconnue en voiture,
qui m'avez vue courir après mon bus à 3 heures du matin, car je voulais rentrer chez moi, à 15 kilomètres de là. À vous qui avez compris que j'allais abandonner tout espoir de le rattraper et qui m'avez hurlé par la fenêtre de monter dans votre voiture.
Merci de l'avoir doublé et de m'avoir déposée à l'arrêt suivant.
Vous m'avez montré que je pouvais avoir foi en l'humanité.

Élisa

Les soufflers de confettis

« Je crois que notre seul
espoir d'immortalité
est dans nos actes, en ce que
nous faisons aux autres,
pour les autres,
et en nos enfants. »

EDMUND COOPER, écrivain

La délicatesse de Monsieur Bernard

Monsieur Bernard habite avec Madame Bernard au rez-de-chaussée de l'immeuble dans lequel ma famille emménage l'année de mes 14 ans. L'un et l'autre au crépuscule de leurs vies, ils sont le quota de retraités de ce lotissement dont le hall est saturé de poussettes et de tricycles. Madame Bernard est une grand-mère délicieuse, aux chignons impeccables et voluptueux qui flottent sur sa nuque. Monsieur Bernard est d'une élégance rare, le regard bienveillant, et porte le charme suranné des hommes d'un autre temps. Leur couple aux silhouettes ciselées me fait penser aux gravures de mode des années 1950. Le moins que l'on puisse dire, c'est qu'ils ont une allure folle.

Mon adolescence, elle, en manque cruellement.
Planquée derrière ma coupe au carré et mon bandana, je patauge allègrement dans la mare de l'âge que l'on qualifie d'ingrat. C'est le temps des mots sur les carnets de correspondance, des soirées pyjama pour s'échapper de la maison et des premières cigarettes crapotées en douce.
La résidence dans laquelle nous avons élu domicile est plantée au sommet d'un raidillon abrupt que les voitures ne grimpent qu'en première. Quiconque a la chance d'être véhiculé dans son ascension se doit de proposer un remonte-pente à toutes celles et à tous ceux qu'il croise sur son chemin. C'est une règle tacite d'entraide entre autochtones de cette forteresse imprenable.

Et c'est précisément au beau milieu de cette côte qu'un après-midi de mai je suis rattrapée par le son irremplaçable de la vieille R5 de Monsieur Bernard, qui s'arrête à ma hauteur.
En ouvrant la portière et en m'engouffrant dans la carlingue, je ne me doute pas une seule seconde que j'embarque avec

moi un nuage de déodorant premier prix pour ado noyé dans une forte odeur de tabac froid. Mélange explosif.
Monsieur Bernard ne dit rien. Son bolide joue les porte-parole et s'exprime pour lui en démarrant dans un vrombissement tonitruant. Ce n'est qu'en approchant de notre immeuble, juste après le dos-d'âne annonciateur des derniers mètres à parcourir, qu'il ouvre enfin la bouche :
« Est-ce que tu sais comment je suis tombé amoureux de ma femme, Anne ?
— Non...
— Jacqueline avait 16 ans quand je l'ai rencontrée. Son père tenait une boulangerie, et à chaque fois que je la voyais, elle sentait bon la brioche. »

Je n'ai jamais oublié les mots de Monsieur Bernard qui, plutôt que de maudire mon capharnaüm intérieur, avait préféré y semer quelques confettis.

À vous, cher patient que j'ai peu connu.
À vous qui m'avez souri avant de partir
vers une unité de soins palliatifs en disant :
« Tu sais, ma petite, je vais mourir bientôt mais
je suis bien heureux d'avoir pu faire
ta connaissance avant cela. »
Merci de me rappeler chaque jour
combien j'aime mon métier d'aide-soignante.
Je ne vous oublierai jamais.

Laureen

À vous qui avez eu la bonne phrase
au bon moment : ma fille balançait tout
par terre dans un magasin et les gens
me regardaient ramasser les rouleaux de papier
cadeau en tentant de gérer la crise.
À vous qui êtes venue me dire :
« Ne vous inquiétez pas, moi, ma fille a fait
la même chose au rayon vaisselle ! »
Ça m'a fait tellement de bien de vous entendre
à ce moment-là !

Anne-Sophie

À vous, la dame du péage sur l'autoroute qui,
en voyant mes larmes, m'avez soufflé
depuis votre guérite :
« Faut pas pleurer,
après la pluie vient le beau temps ! »
J'avais beau le savoir, ce jour-là (j'étais en deuil),
vous avez semé en moi
une graine précieuse.
Aujourd'hui, c'est une plante magnifique.
Merci pour votre humanité.

Florentine

À vous, l'inconnu croisé en ville
alors que je me promenais.
À vous qui m'avez demandé si vous pouviez
me déranger, suscitant mon hésitation,
car j'ai toujours peur de me faire harceler.
À vous qui m'avez fait piocher un papier,
puis vous êtes esquivé.
Sur ce papier était écrit : « Croyez en vous,
vous êtes fort(e) »
À vous qui m'avez redonné espoir un jour
de tristesse, merci.

Laurie

À vous, l'inconnu,
qui êtes passé devant ma fenêtre
alors que j'étais en train de chanter
et de jouer de la guitare.
À vous qui vous êtes arrêté
et avez applaudi à la fin de mon morceau.
J'avais passé une mauvaise journée
et ce geste m'a redonné le sourire.
Je ne vous oublierai jamais.
Merci.

Florence

À vous, l'aide-soignante de la nuit, au foulard si joliment attaché, qui m'aviez promis de repasser dans ma chambre d'hôpital pour me montrer comment vous le faisiez tenir ainsi. À vous qui êtes effectivement revenue, à la fin de votre service, à 6 heures du matin. Votre geste m'a énormément touchée. J'ai noué mon foulard « à votre façon » pendant près d'un an après ma chimiothérapie, jusqu'à ce que mes cheveux repoussent. C'était il y a dix ans et aujourd'hui je vais bien.

Anne

Les anges gardiens

« Nous abritons un ange
que nous choquons sans cesse.
Nous devons être les gardiens
de cet Ange. »

JEAN COCTEAU, *Le Rappel à l'ordre*

Le dernier métro

Un dernier métro, c'est toujours une aventure.
Devant moi, dans cet immense couloir, quatre jeunes hommes, bien électriques, bien avinés, qui s'insultent (pardon, qui communiquent) et qui cherchent. Quelque chose, quelqu'un, peu importe.
Vu le taux d'alcoolémie et les substances illicites consommées, ce qu'ils cherchent doit être proche du fait divers.
Je décide d'attendre. Quelque chose, quelqu'un, peu importe. Un couple qui rentrerait du ciné, deux amis sortant d'un dîner, un soutien, une présence.
Mais rien.
J'avoue avoir pensé rédiger à la va-vite mon testament sur un ticket de métro froissé, et puis je me suis souvenue

que je n'étais pas obligée de toujours me missionner, de toujours chercher la complexité ou la lutte. Je me suis rappelé qu'un retour chez soi, à la maison, pouvait aussi être serein. Que j'y avais droit. Que ma vie pouvait se dérouler dans la quiétude. Que je n'étais pas obligée de m'imposer ce stress-là. Que j'avais la possibilité de m'écouter.
J'ai donc commencé à rebrousser chemin, au pas de course et en serrant les fesses.
Et puis je me suis dit que j'allais un peu attendre, laisser s'éloigner ceux qui me faisaient peur, pour à nouveau m'engager dans ce grand couloir vide.

Et me revoilà enfin sur le quai du métro, désert. M'y rejoignent quelques âmes perdues que seuls ces couloirs accueillent encore à ces heures indues : un jeune à l'esprit embué qui entretient à voix haute une conversation avec lui-même, un homme qui titube et vocifère chaque fois qu'il heurte une poubelle, quelques punks à chiens qui font voler des cigarettes de chaque côté des voies.

C'est dans ce décor-là qu'elle est apparue. À presque 1 heure du matin, surgissant d'un autre monde depuis le cœur de cette faune nocturne, avance alors vers moi une octogénaire endimanchée cramponnée à son sac à main. Dans un manteau d'hiver élégant, elle me fonce droit dessus et vient s'asseoir juste à côté de moi sur le banc du quai. Je suis surprise de voir une telle dame à cette heure si tardive dans un endroit pareil.
C'est alors que la bascule opère. Que je réalise que sa démarche est tout à fait intentionnelle. Que c'est auprès de moi qu'elle est venue chercher de la sécurité, cette même sécurité que je tentais de trouver auprès d'autres, un peu plus tôt.
Oui, visiblement, je lui inspire confiance et je constate à quel point cette femme élégante, dans son silence qui embaume le patchouli, me fait un magnifique cadeau. C'est alors que je mesure, par son interstice, que c'est une nouvelle fois bel et bien à l'intérieur que tout se passe. Qu'après avoir cherché la sécurité à l'extérieur de moi,

finalement, la vie m'envoie une personne pour laquelle je représente la sécurité, ici et maintenant. Loin de moi l'envie de m'acheter un bomber et de me réorienter vers une carrière de garde du corps. Non. En développement personnel, on préfère dire que plutôt que de compter sur les autres, plutôt que d'aller chercher bonheur, amour, sécurité à l'extérieur, il suffit simplement de constater que tout est déjà là, à l'intérieur.

C'est ainsi que la vie m'invite à me frotter davantage les yeux et à regarder en face cette femme.
Depuis le cœur de ses pupilles, je prends conscience du fait que c'est souvent dans les yeux d'un inconnu, ou d'une inconnue, que nous pouvons enfin laisser sortir du brouillard la magnifique personne que nous sommes.

À vous, l'infirmière, qui, par chance, vous trouviez dans la voiture d'en face quand j'ai été percutée par un véhicule sur la corniche, à Marseille, il y a huit ans. À vous qui avez tout vu et êtes tout de suite descendue de voiture pour me maintenir éveillée jusqu'à l'arrivée des pompiers. À vous qui êtes repartie sans que l'on puisse vous remercier vraiment, ni même prendre votre numéro. Merci de m'avoir tenu la main. J'ai eu beaucoup de mal à m'en remettre, et j'aurai toujours des séquelles, mais grâce à vous, je suis là. Merci pour vos gestes d'un grand réconfort.

Elsa

À vous, la dame du tram,
qui avez vu cet homme très alcoolisé
me hurler dessus : « Arrête de te maquiller
comme une salope ! »
À vous qui êtes tout de suite venue me voir
pour me dire : « Maquillez-vous comme
vous voulez, vous êtes très belle. »
Merci d'avoir réchauffé mon cœur.
Pour une fois, j'avais osé une tenue
et un maquillage différents et
je n'étais pas très à l'aise.

Laure

À toi, le jeune inconnu, qui m'as rencontrée
alors que j'étais seule,
saoule et désorientée dans la rue.
À toi qui as pris le temps de t'asseoir avec moi,
de me rassurer, de me poser les questions
qui ont permis de retrouver mes copines.
À toi qui m'as raccompagnée jusqu'à elles.
Merci de ne pas avoir passé ton chemin,
de ne pas m'avoir draguée ou moquée,
comme tant d'autres
l'avaient fait avant toi.

Jade

À vous, les cinq filles,
qui vous êtes mises à hurler pour faire fuir
les trois mecs qui me tenaient
dans une ruelle à 3 heures du matin.
À vous qui m'avez aidée à ramasser
mes affaires, à me relever,
tout en me proposant votre téléphone
pour appeler mes parents.
À vous qui m'avez sans doute évité un drame,
mes remerciements éternels.

Lise

À vous, la cantinière
de mon ancienne école maternelle.
À vous qui m'avez vue, à 5 ans, couverte de bleus,
en larmes et sans appétit.
À vous qui m'avez dit :
« Je sais ce qu'il se passe chez toi,
je vais tout faire pour que cela s'arrête ! »
Pour la première fois
de ma toute petite existence,
je me suis sentie vivante.
Merci d'avoir fait renaître l'espoir en moi.

Loïs

À vous, les paysagistes,
qui vous êtes immédiatement arrêtés
auprès de ma voiture échouée dans un fossé
après un malheureux demi-tour
dans un coin que je ne connaissais pas.
À vous qui ne m'avez pas jugée et m'avez rassurée.
À vous qui avez appelé des collègues en renfort pour
qu'ils viennent tracter mon véhicule avec une sangle.
Cet acte de bonté gratuit m'a fait
tellement chaud au cœur.

Sophie

À vous, le vigile de la gare Part-Dieu,
qui avez remarqué qu'un homme
au comportement très bizarre me suivait
depuis un bon moment.
À vous qui avez quitté votre poste
pour venir me glisser : « Vous êtes suivie,
continuez à marcher, je vous accompagne. »
À vous qui avez ensuite interpellé l'homme
en lui demandant des comptes
et qui m'avez lancé :
« Allez-y, partez, je le retiens ! »
Mon merci était beaucoup trop petit.

Sarah

Les héros du quotidien

« Il est plus facile d'être héros
qu'honnête homme.
Héros nous pouvons l'être
une fois par hasard ;
honnête homme
il faut l'être toujours. »

LUIGI PIRANDELLO,
dramaturge, écrivain et poète

Jamais trop tard

Quand ça n'avance pas assez vite dans ma vie,
quand je me dis que j'aurais dû amorcer le virage plus tôt,
quand l'angoisse d'avoir loupé le coche toque à ma porte,
quand la peur d'avoir manqué la fenêtre de tir m'envahit,
quand l'impression d'avoir perdu du temps me submerge,
quand mon corps semble me dire qu'il a passé l'âge,
je pense à Ray.

C'est en Tanzanie, sur les pentes du Kilimandjaro, que nos chemins se croisent. Au détour d'un col, ce qu'il reste de ses 84 ans s'est échoué sur un rocher. Le teint blême, les yeux dans le vague, Ray cherche en vain sa respiration. Elle l'attend probablement au camp de base, 2 000 mètres plus bas.

Je suis stupéfaite de rencontrer un octogénaire à près de 5 000 mètres d'altitude. À mesure que nous prenons de la hauteur, la moyenne d'âge des marcheurs chute radicalement.
En un tour de passe-passe dont lui seul a le secret, Ray vient de tordre le cou à toutes les statistiques, et même d'adresser un formidable doigt d'honneur à la raison.

La discussion est lunaire. À l'image du paysage qui nous entoure, et de l'oxygène qui manque à nos cerveaux. Je dis à Ray combien il est inspirant de le voir gravir ce sommet alors qu'il n'a plus un certain âge, mais un âge certain !
« Oh vous savez... Entre mourir dans deux ans devant "Des chiffres et des lettres", sur mon canapé, dans mon petit appartement de la banlieue de Sheffield en Angleterre... et mourir dans deux heures, au sommet du Kilimandjaro, j'ai vite fait mon choix ! »

Je pense souvent à Ray et à son rêve, dans la poussière du toit de l'Afrique.
Je n'ai jamais su s'il était allé jusqu'en haut...
Peu importe, au fond. Il avait fait le plus dur : se mettre en chemin.

Oui, il y a un temps pour tout.
Mais surtout, il y a un temps pour tout le monde.
Comme le dit si bien George Eliot : « Il n'est jamais trop tard pour devenir ce que nous aurions pu être. »

À vous, l'inconnu du RER, qui avez couru
un sprint à 6 heures du matin
pour venir me récupérer à l'âge de 14 ans
alors que j'étais tombée sur les voies,
et incapable de m'en sortir avec
mon petit gabarit. Vous étiez le seul passant
à cette heure-là et vous m'avez remontée
sur le quai en vous volatilisant juste après.
J'ai 22 ans aujourd'hui et je pense à vous
à chaque fois que je me rends compte
que j'ai de la chance d'être en vie.

Clémentine

À vous, l'homme sans-abri,
qui m'avez saisie à bras-le-corps
et jetée par terre alors que j'enjambais
la barrière du pont
au-dessus de l'autoroute pour en finir.
À vous qui m'avez serrée dans vos bras
et inondée de mots.
À vous qui ne m'avez pas lâchée
pendant de longues minutes.
Merci.

Alice

À vous, la famille de gens du voyage,
qui avez vu au loin ma voiture en feu
à la suite d'un court-circuit
et qui avez accouru pour m'aider,
me rassurer et m'éloigner du véhicule
alors que les autres automobilistes
passaient à côté de moi en râlant
parce que je bloquais la route.
Merci pour votre prévenance
et vos bons réflexes.

Magali

À vous, les jeunes gens
sur le canal Saint-Martin,
qui avez entendu mes cris alors que quelqu'un volait
mon portable dans ma poche
tandis que je promenais mon fils en poussette.
À vous qui avez couru si vite,
qui avez rattrapé le voleur, et qui m'avez rendu
ce précieux téléphone qui contenait
les premières photos de mon fils
ainsi que celles du plus beau jour de ma vie.
Merci.

Laureline

À vous, les inconnus,
qui avez assisté à ma sortie de route
et avez immédiatement appelé les secours.
À vous qui êtes restés à mes côtés,
ma voiture sur le toit, et moi inconsciente à l'intérieur,
jusqu'à ce qu'ils arrivent.
Ce n'est que bien plus tard
que je me suis réveillée
dans le camion de pompiers.
Merci de m'avoir entourée.

Priscille

À vous, notre voisin inconnu, qui avez éteint l'incendie de notre maison un matin de décembre, alors que mon mari était au travail et que j'étais seule avec mes trois enfants.
À vous qui vous êtes précipité pour éteindre le feu avec des extincteurs, après nous avoir entourés de couvertures. À vous qui avez appelé les pompiers.
Merci d'avoir sauvé notre maison !

Estelle

Les chasseurs de trésors

« Un archéologue fouille toujours
animé d'un double espoir.
Nous ne savons jamais
si nous trouvons ce que nous cherchons,
ou si nous cherchons
ce que nous trouvons. »

HENNING MANKELL,
romancier

Le placard à cadeaux

Un peu comme chez le coiffeur, nous sommes nombreux à confier nos états d'âme aux chauffeurs de taxi, particulièrement lors de courses nocturnes. À des heures indues, la banquette arrière prend parfois des allures de divan de psy. L'autre soir encore, mon chauffeur se lance dans un interrogatoire et me demande si je suis mariée, si je vis en couple…
« Rien de tout ça ! »
Dans le rétroviseur central, Georg m'adresse un regard perplexe. Il déclame alors un célèbre dicton, dans sa langue natale, le hongrois, qu'il traduit aussitôt : « Ce qui est à vous vous est réservé. La vie vous le met de côté et rien, ni personne, ne pourra vous l'enlever ou l'obtenir avant vous. Ce n'est pas une course. Ce qui est prévu pour vous vous

reviendra, quoi qu'il arrive. Tout n'est qu'une question de temps. »

« Patience », en substance, me conseille donc mon *love coach* itinérant.

Selon lui, la vie me réserve bien des surprises et me les garde au chaud en attendant le moment opportun pour les sortir de son chapeau.

Ou plutôt, du placard à cadeaux. À l'image de celui que tenait ma mère quand j'étais petite, véritable caverne d'Ali Baba. C'était une sorte d'entrepôt du père Noël, qui avait nourri bien des espoirs ainsi que mon imaginaire d'enfant. Régulièrement, je voyais ma mère s'y engouffrer en nous interdisant d'y entrer. Sur des étagères en hauteur, inaccessibles pour mon frère, mes sœurs et moi, même juchés sur la pointe des pieds, étaient disposées des dizaines de petits cadeaux d'avance, de bricoles glanées çà et là. Il y avait de jolis carnets, des crayons de couleur, un filet de billes, quelques éléments de dînette, un dessous-de-plat en forme

de citron, des tasses à café, quelques livres de textes inspirants, un tire-bouchon rigolo, un vase, un savon à la rose, un foulard en soie, une paire de chaussettes japonaises…
Petite, j'espionnais ma mère, ses allées et venues dans le placard magique, en faisant le vœu qu'un jour ou l'autre l'une de ces merveilles serait pour moi.
Je trouvais charmante l'idée de cette quête du beau, de l'original, du rare ou du précieux à mettre de côté, pour le jour venu.
Je la voyais faire ses achats en avance, prévoir l'intention qui serait offerte quelques semaines plus tard à une enseignante bienveillante ou bien lors d'une invitation de dernière minute, un anniversaire improvisé.

Georg disait vrai : le placard à cadeaux de la vie nous réserve de multiples surprises et des trésors encore cachés. Patience… et confiance !

À vous, le passant, qui avez retrouvé
sous une voiture
l'ordinateur portable de ma mère,
volé quelques heures plus tôt.
À vous qui l'avez rapporté
aux objets trouvés.
Nous vous remercions grandement !
Ma mère a pu récupérer tous ses fichiers
ainsi que ses photos.

Angèle

À vous qui avez retrouvé mon portefeuille
et mes papiers d'identité
en vrac dans une grande poubelle.
À vous qui avez pris le temps
de me contacter sur Facebook,
puis de me remettre le tout.
Les voleurs avaient pris l'argent
mais n'avaient pas vu
la bague de fiançailles de ma mère
cachée dans une poche
à l'intérieur.
Merci infiniment.

Sarah

À vous, le vigile rencontré il y a plus de dix ans
devant le Stade Vélodrome, à Marseille.
Sans billet pour le concert d'AC/DC,
j'étais simplement venu m'imprégner
de l'ambiance depuis l'extérieur.
À vous qui, au beau milieu de la conversation,
m'avez spontanément proposé d'entrer.
Ce fut l'une des plus belles expériences de ma vie !
J'en ai encore les yeux qui pétillent,
rien que d'y repenser.
Merci.

Stéphane

À vous, l'inconnue, qui avez retrouvé
près d'une rivière
mon trieur de cours volé dans ma voiture.
À vous qui avez pris le temps
de faire sécher chacune des feuilles.
À vous qui avez cherché
mes coordonnées pour pouvoir
me rendre le tout à un mois des examens
de fin d'année.
Merci de m'avoir redonné espoir
à ce moment-là.

Lise

À vous, l'inconnu en trottinette,
qui, alors que nous étions en week-end
à Paris en famille,
avez poursuivi et ramassé le petit bout
de papier emporté par le vent,
que l'amoureux de maternelle de ma fille
lui avait donné avant qu'elle ne parte.
Vous avez évité que son cœur ne soit brisé
et qu'elle ne retienne que ce mauvais
souvenir de notre passage dans la capitale.
Merci pour elle.

Maxime

À vous qui m'avez vue faire le plein d'essence,
poser mon portefeuille
sur le toit de ma voiture et l'oublier.
À vous qui l'avez ramassé
puis m'avez suivie en voiture,
quitte à me « coller » pour enfin arriver à mon niveau
et me montrer que c'est vous
qui aviez le fameux portefeuille !
Je ne vous remercierai jamais assez
pour votre honnêteté.

Mélanie

Les réenchanteurs du bitume

« Qui chante,
son mal enchante.
Qui pleure,
son mal augmente. »

Proverbe portugais

Surface de réparation

Dans le bus, comme dans la vie, chacun cherche sa place ! Il y a ceux qui jouent des coudes, ceux qui attendent leur tour, ceux qui n'osent pas demander, ceux qui brandissent leurs blessures en étendard... et ceux qui trinquent.
En silence.
Ce jour-là, cette femme d'une quarantaine d'années a de la chance ; c'est sans encombre qu'elle réussit à se frayer un chemin dans la foule en pleine heure de pointe, poussette garnie dans une main et, dans l'autre, celle de son fils de 4 ans.
Après avoir bloqué le frein des petites roues, elle redresse la tête, remonte sa mèche, reprend son souffle et plante son regard dans le mien.

Son visage change alors de couleur.
« Tu crois que je ne te reconnais pas ? Tu crois que j'ai pas vu ce que tu avais fait la dernière fois ?
— ... »
En fait, ce n'est pas à moi qu'elle s'adresse, mais visiblement à la personne assise juste derrière moi. Je respire à nouveau. Elle enchaîne :
« Fais pas semblant de ne pas me reconnaître ! On prend le même bus depuis trois ans tous les matins !
— ... »
Ce qui me frappe, c'est le niveau sonore de son discours. Pas de hurlements, ni de scandale. Non, cette femme parle à voix basse. Lentement, mais sûrement, elle égrène chacun de ses mots, dans une colère contenue.
« Tu crois que je t'ai pas vu l'autre jour ? Tu crois que j'ai pas entendu ce que tu as dit à mon fils ?
— ... »
Prise entre deux feux, j'hésite à me retourner pour découvrir enfin le visage de celui qui, posté dans mon dos,

la met dans cet état. Après quelques instants de silence, elle desserre à nouveau les mâchoires :

« Tu crois que j'ai pas entendu quand tu lui as dit "Dégage !", quand tu l'as poussé au moment de sortir ? Même à un chien, on ne parle pas comme ça !

— … »

Tout à coup, je réalise que le bus est désormais totalement silencieux. Chacun a retiré ses écouteurs. Chacun s'est extrait de sa rêverie pour mieux tendre l'oreille à ce qui est dit. Pas de jugement dans les yeux. Au contraire : c'est comme si cette voix basse émettait des fréquences invisibles, comme si chacun des passagers n'attendait que ces mots-là, depuis toujours.

Comme s'il fallait que cette femme parle pour chacun d'entre nous. Comme si ce bus s'était transformé, le temps d'un trajet, en magnifique « surface de réparation ».

Alors elle continue.

« Et toi ? On te l'a dit, "Dégage !", quand tu étais petit ? Tu te souviens de ce que cela t'avait fait, à l'intérieur ?

Comment tu t'étais senti ? Je ne sais pas si tu as un enfant... mais tu aimerais, toi, qu'un adulte lui dise "Dégage !" ?
— ... »
Qu'elle est belle, cette mère louve, qui montre les crocs pour défendre son petit, cette femme qui saisit l'opportunité que lui offre la vie de rectifier le tir pour son enfant ! De lui montrer que, cette fois-ci, elle est là, pour le protéger.
Qu'il est émouvant ce petit garçon, dont la colonne vertébrale se redresse au fur et à mesure que sa mère parle.

Clin d'œil de la vie, comme pour réécrire l'histoire différemment, c'est à l'arrêt suivant que le cortège descend : la mère, l'enfant et le mystérieux passager de la banquette arrière. Cette fois-ci, l'homme attrape la poussette et la porte jusque sur le trottoir, offrant ainsi, aux joues de la mère comme au bitume, de nouvelles couleurs.

À vous, la jeune fille,
qui avez empêché des personnes de s'asseoir
à côté de moi en pleine heure de pointe
avant de glisser un paquet de gâteaux
dans ma main, tout en m'invitant
à prendre tout mon temps pour aller mieux.
Je faisais une crise d'angoisse à l'annonce
de l'hospitalisation soudaine de mon copain.
Merci d'avoir su me laisser l'espace
dont j'avais besoin, merci de m'avoir apporté
un peu de réconfort.

Camille

À vous, le petit papi, qui passez chaque jour
devant le laboratoire d'analyses
dans lequel je travaille et où les journées
ne sont pas toujours roses. À vous qui,
tous les jours, entrez pour nous dire bonjour,
nous rappeler que nous sommes belles
et souriantes derrière nos masques
et nous confier que nous égayons votre journée.
C'est vous qui illuminez la nôtre.
Merci !

Camille

À vous, l'infirmier de nuit,
qui m'avez fait accéder (en douce) à la terrasse
de l'hôpital Robert-Debré pour contempler
le feu d'artifice du 14-Juillet.
Alors que j'étais hospitalisée depuis des mois,
ce fut une bulle de magie
et de force pour m'en sortir.
En pleine forme aujourd'hui,
je vous dédicace tous mes feux d'artifice
depuis dix-neuf ans.

Delphine

À vous, le jeune homme,
qui êtes revenu me voir au travail
pour me donner une rose rouge
en me disant :
« Je me permets de vous l'offrir
car vous dégagez quelque chose de très beau,
et on en a bien besoin en ce moment. »
Merci à vous pour cette note de douceur,
qui a égayé ma journée,
et boosté ma confiance en moi !

Emma

À vous, les touristes venus du monde entier
dans cette grotte en Grèce, l'été dernier.
À vous qui m'avez tous applaudie
lorsque j'ai eu fini de gravir deux étages
de marches en colimaçon
et une énorme montée,
malgré mon handicap physique.
Ça valait encore plus le coup.
Merci pour vos encouragements.

Julia

À vous, les deux inconnus du métro,
qui avez remarqué que l'homme
assis en face de moi
était en train de me prendre en photo
sans mon consentement.
À vous qui l'avez obligé à supprimer
ces clichés.
Merci d'avoir été admirables.

Klaudia

À vous, l'inconnu anglais
que j'ai accosté à 3 heures du matin
car j'étais perdue et en pleurs
dans un endroit désert d'une banlieue de Londres,
où je venais d'arriver deux jours plus tôt.
À vous qui m'avez accompagnée
à une station de taxis
à trente minutes de marche.
À vous qui avez ensuite payé la course
sans rien me demander en retour.
Je ne vous ai jamais oublié.
Merci.

Samira

ÉPILOGUE

À la trace

Dans ce bistrot des Grands Boulevards, ils sont assis là, à côté de moi sur une banquette sanguine légèrement affaissée. Des copies doubles à petits carreaux, des calculatrices et autres fiches bristol stabilotées jonchent la table. Ce jeune couple de lycéens est en pleines révisions de mathématiques. La jeune fille a l'air totalement perdu et confie à son ami n'avoir rien compris aux probabilités. Elle se sent à la traîne et angoisse pour ses examens de fin d'année.

C'est alors que le jeune homme prend la parole et livre une tirade mémorable : « Tu sais, moi je crois que tu pourrais aller voir la prof à la fin du cours, et oser lui dire que tu n'as pas compris. Je suis sûr qu'elle prendra un peu de temps pour t'expliquer. Franchement, elle est géniale cette prof. Elle est vraiment à l'écoute, elle nous respecte. J'ai vraiment l'impression qu'avec elle je deviens plus intelligent. En fait, c'est simple, je crois que j'ai envie de lui ressembler ! »
Cet éloge tellement sincère, presque candide, me touche si profondément que je ne prends même plus la peine de faire semblant d'avoir le nez rivé sur mon téléphone. D'un coup, j'ai une pensée émue pour tous ces professeurs qui ont suscité l'envie d'aller plus loin chez leurs élèves, pour tous ceux qui ont pris ce mot « élève » au pied de la lettre, avec l'envie de leur donner accès à plus grand.

Quand je lève la tête, mon regard croise celui du jeune homme, et nous nous sourions, tant son discours me met en joie !
Me revient alors une scène, comme un flash, il y a des années, avec une autre prof de maths. La mienne, cette fois-ci.
À la fin d'un cours, Madame G. m'avait demandé de venir la voir à son bureau. Alors que les autres élèves s'échappaient en récréation, je m'avançais vers elle, tremblante et le ventre noué. En prenant soin d'attendre que tout le monde soit sorti, elle m'avait confié avoir remarqué que ça n'allait pas.
Je balbutiai alors quelques mots pour tenter de justifier mes notes catastrophiques. C'est alors qu'elle balaya mes excuses d'un revers de la main pour plonger son regard bleu clair dans le mien.

« Je ne parle pas de tes résultats. Je parle de toi. »
Il est là le véritable impact durable : dans les rapports humains.
Je n'ai aucun souvenir des théorèmes qu'elle m'a transmis. Pas le moindre flash-back d'un cours de géométrie. Aucune mémoire des équations à deux inconnues.
Rien.
Le trou noir.
Mais s'il y a bien quelque chose dont je me souviens, c'est de l'immense humanité du regard de cette femme. De sa vigilance de chaque instant. De son attention infaillible à mon égard.
Je n'étais pas une élève de plus. J'étais une élève en difficulté. À l'extérieur, comme à l'intérieur.
Elle l'avait vu et, à elle, je ne pouvais plus le cacher. Quelqu'un se souciait de ce qui m'arrivait, de ce que je traversais.

Et pour la jeune fille en souffrance que j'étais, ce nouveau regard posé sur moi fut un véritable tournant.

Boule de neige

Déjà un an que le compte Instagram « Merci à un inconnu » existe et nous y sommes déjà des centaines de milliers !

Chaque jour, ce sont des trésors d'humanité que vous me permettez de mettre en mots afin de mieux les offrir au monde et d'inspirer le plus grand nombre. Ma gratitude est immense pour la confiance que vous m'accordez.

Chacun à son niveau, chacune à son échelle, nous pouvons nous engager à œuvrer pour plus grand.

Merci à vous tous, qui continuez de distribuer des petits mots doux dans les transports en commun, qui glissez des douceurs dans les boîtes aux lettres, des cadeaux

dans les paniers de vélos ou quelques lignes de poésie sous des essuie-glaces.
À vous qui osez pour la première fois faire ce pas de plus vers autrui, et à vous qui venez chercher ici des idées pour contribuer, soyez les bienvenus !

Certains disent que l'art est durable, que seuls les tableaux et les livres nous survivront ; d'autres choisissent d'accueillir des enfants dans leur foyer, pour s'assurer de laisser une trace visible de leur passage dans ce monde, mais la véritable question au cœur de chaque existence demeure la même : que restera-t-il de nous, après nous ? Le maîtrisé comme l'impondérable ? Que laissons-nous de nous en conscience ? Et inconsciemment ?
À bien y regarder, nous avons tous notre part de responsabilité dans les mètres cubes de bidons, de déchets, de

bouteilles qui constituent le Septième continent de plastique, cette plaque immergée qui mesure au moins six fois la taille de la France, toujours à la dérive dans le nord de l'océan Pacifique.
Et si, cette fois, plutôt qu'une empreinte carbone, nous choisissions de laisser une autre trace de notre passage sur cette planète ?
Et si, pour une fois, nous faisions le choix de laisser un véritable impact humain positif auprès de quelqu'un ?
Un sourire ? Un coup de main ? Une phrase que nous aurions rêvé d'entendre quand nous en avions tant besoin ?

À nous de jouer !

Anne Cazaubon

« Les gens oublieront
ce que vous avez dit,
ils oublieront
ce que vous avez fait,
mais n'oublieront jamais
ce que vous leur avez
fait ressentir. »

Maya Angelou,
essayiste et poète

Retrouvez le compte « Merci à un Inconnu » sur Instagram :
https://www.instagram.com/merciauninconnu/?hl=fr

Vous souhaitez remercier un inconnu ou une inconnue ?
Rien de plus simple !
Il vous suffit de remplir le formulaire
sur la page du compte en racontant votre histoire
dans le contexte et les détails.
Anne Cazaubon (annecazaubon.com)
la mettra en forme ensuite pour la publier.

Dépôt légal : avril 2021
N° éditeur : MAGSI - 202010-77
Achevé d'imprimer en mars 2021 par Sepec en France

IMPRIM'VERT®

PEFC 10-31-1470 / Certifié PEFC / Ce produit est issu de forêts gérées durablement et de sources contrôlées. / pefc-france.org